DANS SON REGARD

DU MÊME AUTEUR

Les 69 péripéties, Éditions Jets d'Encre, 2022

Éditions Jets d'Encre
81 avenue du Bac
94210 Saint-Maur-des-Fossés
www.jetsdencre.fr

ISBN : 978-2-35523-877-2

Cheikh Diop

DANS SON REGARD

MA VIE DE GENDARME RÉSERVISTE

JETS D'ENCRE
ÉDITIONS

Prologue

Les réservistes sont de plus en plus nombreux au sein de la gendarmerie, mais bien que ce corps occupe une place grandissante, on parle peu de lui. Pourtant, nous nous intégrons dans différentes unités et nous bénéficions d'un poste d'observation privilégié, à la fois sur la société et sur les pratiques de la profession. Nous y découvrons toutes les facettes d'un métier qui nous conduit souvent à aider des personnes, et en même temps, à fixer un cadre à celles et ceux qui franchissent des lignes interdites.

Je suis né au sein d'une famille originaire du Sénégal, dans une cité où j'habite toujours.

En arrivant dans la gendarmerie, j'ai trouvé une communauté soudée. Lorsque nous discutons entre nous, je ne perçois pas cette jalousie que j'ai souvent connue dans les quartiers. Au contraire. Nous avons tous des projets et nous nous échangeons des conseils qui donnent encore plus envie d'avoir une vie tranquille et confortable, de faire construire une maison, d'inviter des amis à des barbecues, etc. La gendarmerie est un univers positif où l'on ne pense pas immédiatement à rayer la voiture de l'autre parce qu'elle est plus belle que la nôtre. Nous nous entraidons. C'est aussi un environnement ouvert sur le monde. Loin de se laisser endormir par le shit, chacun pense à l'avenir et regarde ce qui se passe autour de lui, se pose des questions. Nous avons de vraies discussions sur l'actualité, nous parlons entre nous, par exemple, des avantages et des inconvénients du *teasing*.

Nous ne sommes ni des éducateurs ni des juges, mais nous travaillons au contact de beaucoup de personnes qui, pour la plupart, ne croiseront jamais dans leur vie ces professionnels. Ma position me permet donc de dire à l'ensemble du public – et aux jeunes en particulier : « Ne vous inquiétez pas. Soyez en règle, et tout va bien se passer. Si vous êtes au volant de votre voiture ou de votre moto et que vous entendez un gyrophare derrière vous, faites la pieuvre. Arrêtez-vous et ayez confiance. Vous serez remis en circulation. » Interpeller des personnes qui n'ont pas de limites permet régulièrement de les mettre en garde. Nous leur disons souvent ce qu'ils n'ont pas assez entendu, ce que personne n'a osé leur dire autour d'eux, surtout dans les cités : « Va enfiler des gants, porte un casque, parce que si tu tombes de ta moto, tu peux te faire très mal. » S'il arrive à quelqu'un de commettre une erreur, nous ne sommes pas là pour entrer en guerre ni pour l'arrêter sans discernement.

Un jour, en roulant dans notre véhicule de patrouille, nous tombons sur trois jeunes assis à l'avant d'un véhicule deux places. Ils n'avançaient pas, mais le moteur étant en marche, leur véhicule était considéré comme « roulant » et ils se trouvaient donc hors la loi. Dans ce genre de situation, l'usage est de verbaliser. Nous discutons avec eux ; ils essaient de nous embobiner en nous racontant qu'ils n'avaient pas l'intention de prendre la route. Mais ils étaient tout endimanchés et la voiture contenait des gerbes de fleurs avec écrit « Vive les mariés ». Puis ils finissent par nous dire qu'un d'entre eux se marie dans l'après-midi. Ce jour-là, nous avons décidé de leur faire confiance. Nous ne les avons pas conduits au poste, où ils auraient attendu quatre heures, alors que leurs invités étaient déjà sur place pour la cérémonie. En revanche, nous leur avons demandé de repartir à deux, et non à trois.

D'autres circonstances ne donnent pas lieu à discussion : se garer sur des places pour handicapés, installer ses enfants sur les sièges avant sans ceinture, téléphoner au volant sont autant de pratiques dangereuses révélant que ces conducteurs ne pensent pas du tout aux autres. En dehors des infractions les plus graves, nous analysons les contextes au cas par cas. Nous sommes là pour appliquer la loi, certes, mais nous le faisons avec discernement. Cette facette-là du métier est méconnue. Ce n'est pas celle qu'on voit dans les séries, et ce n'est pas non plus celle que les gens retiennent quand ils sont en contact avec des gendarmes.

Je souhaite donc mettre en lumière cet aspect du métier, avec la casquette un peu particulière qui est la mienne, celle de réserviste. J'ai donc un pied dans la gendarmerie et un autre dans la société civile, où j'ai eu – et continue d'avoir – plusieurs passions. Pour commencer, le sport a été et reste au centre de ma vie. Mais j'ai aussi un goût pour la nature, qui s'est accru avec le métier de pépiniériste que j'ai occupé pendant un an. J'aime également l'esprit d'entreprise, et j'ai des projets en ce sens. Enfin, j'éprouve une envie, de plus en plus forte, de m'adresser aux gens, et aux jeunes en particulier, pour qu'ils aient davantage confiance et qu'ils sachent que le travail, la discipline et le sens de la cohésion sont payants.

C'est à partir de ce parcours d'homme et de gendarme réserviste que je veux décrire un métier qui génère des montées d'adrénaline qui donnent du piment à nos missions.

CHAPITRE 1

Action-réaction

« Allô ? Ici le COG[1]. Transportez-vous à Chionfer. Rixe entre deux cités. Une quinzaine d'individus armés de battes de baseball et de béquilles. On n'arrête pas d'être appelés. Toutes les unités proches de Chionfer, allez-y immédiatement.

— Chionfer sur écoute. On se transporte », répond le véhicule de l'une des brigades de Chionfer.

Chionfer a sa propre brigade d'actifs, une cinquantaine d'hommes répartis en unités

1. Centre opérationnel de la gendarmerie.

de maintien de l'ordre, motorisées, de sécurité routière, etc. Là-bas, deux ou trois véhicules sont de sortie presque en permanence pendant la journée. Des actifs et des réservistes sillonnent le secteur, prêts à réagir si le COG, qui centralise les appels pour toute l'Île-de-France, les envoie sur une intervention.

Ce jour-là, le COG lance un appel radio adressé aux deux patrouilles de Chionfer qui sont de sortie, mais aussi à celles des communes alentour. Chionfer est la plus grande brigade du département, mais les gendarmes des plus petites municipalités peuvent venir en renfort quand une action nécessite la présence d'un nombre important de forces de l'ordre. En cette journée, la rixe oppose une quinzaine d'individus, dont certains sont armés.

« On a intercepté la communication. On s'y rend aussi. Délai d'intervention : dix minutes », annonce une équipe de la commune de La Marina – qui a sa propre brigade. En effet, si des gendarmes d'autres brigades entendent l'appel et sont à proximité, ils répondent pour annoncer leur arrivée.

En tant que gendarme, on éprouve une certaine excitation quand on reçoit ce genre d'appel, et ce frisson fait partie du plaisir de la mission. On ne sait pas sur qui on va tomber, on ne sait pas comment les choses peuvent tourner. Ce qui est clair à nos yeux, c'est que nous pouvons perdre la vie. C'est pour cette raison que nous sommes des gendarmes, des « gens d'armes », comme le dit bien l'étymologie. Nous en portons sur nous, car nous pouvons avoir besoin de nous défendre. Certains ont des grenades, d'autres des bombes lacrymogènes, d'autres encore des pistolets à impulsion électrique (les fameux Taser). Que nous soyons réservistes ou gendarmes actifs, nous sommes toujours armés.

Dans une situation comme celle-ci, nous devons nous déplacer en un temps très court. L'avertisseur sonore des véhicules de la gendarmerie peut donner l'impression, vu de l'extérieur, que nous avons des passe-droits, mais nous faisons des interventions qui nécessitent souvent d'être présents sur place de toute d'urgence.

En arrivant, toutes les unités connaissent leurs rôles. Comme au basket, chacun est à un poste et sait ce qu'il doit faire. Une équipe interviendra pour contenir la foule qui est susceptible de s'amasser et de nous prendre à partie. Sans ce groupe qui va au contact des spectateurs, certains iraient parfois jusqu'à nous jeter des cailloux. D'autres vont au-devant des témoins qui étaient présents au moment où les choses ont mal tourné. Ils leur demandent ce qu'il s'est passé. En réalité, les personnes qui se trouvaient sur les lieux au moment des faits se dispersent souvent quand nous arrivons. Les gens ne veulent pas parler et ne se rendent pas toujours compte que nous ne sommes pas là pour que les choses tournent mal.

Mais quel que soit le comportement des individus, les gendarmes issus des différentes patrouilles coopèrent sans tenir compte de leurs statuts. Ils se coordonnent immédiatement, sans avoir besoin de se réunir à l'avance, comme on peut faire dans un match de basket ou de foot. Cette collaboration entre les différentes brigades, entre les gendarmes actifs et les réservistes, entre les hommes d'une même patrouille, est déterminante. Alors que la concurrence domine le monde du travail dans les entreprises privées, la gendarmerie apparaît comme un lieu à part, obéissant à des règles qui lui sont propres.

CHAPITRE 2

Ma première mission

L'excitation était au rendez-vous le jour de ma première mission. J'arrive avec mes chaussures neuves, mon calot dans la poche. Je ne connais personne. Je me présente à la patrouille en ravalant un peu ma timidité. Heureusement, j'ai déjà derrière moi plusieurs années de compétition de basket qui m'ont donné l'habitude de rencontrer souvent de nouvelles personnes.

Nous sommes trois dans le véhicule, comme ce sera le cas la plupart du temps par la suite. Le chef de mission, ce jour-là, est un capitaine. Quand il comprend que je sors pour la première fois, il décide de me donner tout de suite l'opportunité de conduire le véhicule. « C'est toi qui vas nous mettre sur les ondes », me dit-il. C'est donc moi qui dois signaler au COG que nous sommes sur la route. Le capitaine me rappelle ce que je dois dire. J'ai appris les formules pendant ma formation, mais cette fois-ci, je n'ai pas le droit à l'erreur. J'ai des palpitations : j'ai peur de faire une erreur ou de laisser paraître que je n'ai aucune expérience. Je crains surtout qu'on moque de moi. Il faut pourtant que je me lance :

« BRAVO 280 de La Marina.

— Oui, 280, parlez.

— C'est pour vous annoncer un départ en service. Effectif : trois militaires. Horaires : 18 h-22 h. Secteur : Chionfer-La Marina. TPH : 07 [...]. Et je donne mon numéro de téléphone portable. Reçu comment ? Parlez.

— Bien pris. Bonne patrouille. »

Je m'en suis sorti sans anicroche. Tout a bien commencé et je suis fier d'être au volant. Au bout de vingt minutes, le COG nous appelle et nous demande de nous transporter à cause d'un barbecue sauvage : une dizaine d'individus ont allumé un feu à côté des habitations. La fumée monte jusque dans les appartements.

« Bien reçu, on se transporte. »

Nous nous dirigeons vers le square où a lieu le barbecue. Une fois arrivés, nous nous trouvons devant un groupe d'une dizaine de personnes. Deux d'entre eux s'approchent et nous disent :

« On ne fait rien de mal. On est juste en train de faire un barbecue. »

Quand on est gendarme, l'expérience sur le terrain donne une bonne connaissance des groupes. On sait que lorsque plusieurs personnes sont impliquées dans des désordres, elles réagissent toutes en se distribuant spontanément les rôles. On en trouvera toujours un ou deux qui voudront être plus malins et parler plus fort que les autres. Il faut s'y attendre et ne pas se focaliser là-dessus.

Dans notre cas, le groupe a déjà commencé à consommer de la bière. Des canettes jonchent sur le sol... Nous avons deux rappels à l'ordre à leur faire, l'un pour leur indiquer – et peut-être leur apprendre – que les barbecues en dehors des jardins privés sont interdits ; l'autre pour leur dire qu'on ne peut pas boire d'alcool sur la voie publique. Ce genre de rappels est vraiment notre lot quotidien. Nous devons même de plus en plus souvent expliquer les lois, notamment depuis que nous intervenons dans les trains, car beaucoup oublient qu'il est interdit d'y boire, même une bière.

Dans ce type d'affaires, les réactions sont très variables. Certains ne veulent pas comprendre qu'ils sont déjà en infraction et qu'il vaut mieux faire profil bas. Ils s'emportent, argumentent, parlent du taux l'alcool de la bière qu'ils sont en train de consommer, du fait qu'ils n'en ont bu qu'une ou deux. Le ton monte, alors qu'on leur demande simplement de faire amende honorable et de ranger leurs affaires. Nous sommes prêts à nous contenter d'une mise en garde, s'ils réagissent bien ; mais s'ils commencent à s'énerver ou à nous insulter, ils peuvent être verbalisés, puisqu'ils sont en infraction, et qu'ils ajoutent à cela un outrage aux forces de l'ordre. Et si vraiment les choses tournent mal, ils peuvent se retrouver bêtement au poste.

Le jour de ma première mission, les personnes qui font leur barbecue sauvage ne sont pas connues de la brigade de La Marina. Mais la plupart du temps, nous n'arrivons pas en terrain inconnu. Les gendarmes actifs sont familiers de la commune dont ils s'occupent.

Ils ont effectué des vœux pour être affectés dans telle ou telle brigade. Un poste leur a été attribué en fonction de leur note au concours et des vœux qu'ils ont formulés, mais aussi de ceux des autres. Par la suite, tous les cinq ans, ils peuvent en faire de nouveaux et demander à être mutés dans une autre brigade, s'ils le souhaitent. S'ils veulent rester cinq ans de plus, rien ne les y empêche. Leur engagement dans la brigade dure donc cinq, dix, ou même parfois quinze ans. Et grâce à cette longévité, ils savent quelles personnes causent souvent des problèmes dans leur commune.

Lorsqu'on est réserviste, on peut aussi être engagé pour cinq ans, mais on intervient sur l'ensemble des brigades de son département. Une vingtaine, dans mon cas. Pour nous, la connaissance du terrain vient petit à petit, en fonction de la fréquence de nos missions dans une ville. Chaque fois, les actifs nous briefent : « Allez-y doucement avec celui-là, il sort de prison », nous disent-ils, par exemple.

Les gendarmes actifs sont entrés dans la Garde nationale en tant que militaires. Certains ont réussi directement le concours externe, mais la plupart ont commencé en passant les tests pour devenir gendarmes adjoints volontaires, et ils sont entrés ensuite par concours interne. Dans tous les cas, ils sont passés devant un psychologue. Ils ont aussi suivi des cours pour apprendre à garder leur calme, à ne pas se mettre en danger dans certaines situations. Quand on est amené à aller voir un schizophrène dans son lieu d'habitation, il faut être conscient que cette personne peut être imprévisible. On doit rester en retrait. On peut arriver et découvrir qu'elle a un couteau dans la main ou qu'elle s'apprête à absorber un pot de colle. Agir en fonction du comportement de quelqu'un d'aussi imprévisible n'est pas inné. Cela se découvre un peu pendant les cours, mais on l'apprend surtout en situation, par l'expérience.

Les réservistes se forment énormément sur le terrain. Si le parcours n'est pas le même, puisque nous sommes des citoyens volontaires sous statut miliaire pendant les missions, sur place, au moment de l'urgence, les différences statutaires tombent. La catégorie des gendarmes réservistes est un maillon indispensable de la chaîne de la gendarmerie – qui s'appuie de plus en plus sur elle.

Ce jour-là, je commence ma formation sur le terrain, et tout de suite, je me sens intégré dans un groupe soudé. Le reste de la soirée est plutôt calme. Nous ne « ramassons » pas beaucoup, comme on dit dans notre jargon.

« BRAVO 280, La Marina.

— Deux cent quatre-vingts, parlez.

— Service terminé. Reçu comment ?

— Bien pris. »

Ma première mission est terminée, mais ce n'est qu'un début.

CHAPITRE 3

Ma philosophie en tant que réserviste

Je peux intervenir dans n'importe laquelle des vingt brigades de mon département. Chaque mois, nous recevons des appels à volontaires. Nous nous inscrivons sur différentes dates et demandons à aller dans telle ou telle commune. Certains réservistes se fidélisent sur des brigades ou sur des missions en particulier parce qu'ils préfèrent contrôler la circulation sur la route ou faire du maintien de l'ordre. D'autres évitent telle ou telle caserne. La plupart du temps, l'humain entre en compte dans les choix.

En ce qui me concerne, je suis partant pour tout, peu importent la brigade et la mission. Je ne fais pas de sélection. Je suis disponible pour être dans les bus, dans les trains, je participe à des missions coordonnées avec l'URSSAF, avec des maîtres-chiens, etc.

Une fois que nous avons émis nos vœux, le bureau de coordinateurs des réservistes - qui intervient pour toute l'Île-de-France, dans mon cas - établit un planning que nous recevons d'un mois sur l'autre.

Il arrive que des expéditions soient ouvertes au dernier moment, parce que, par exemple, quelqu'un s'est désisté ; auquel cas, un appel à volontaires est lancé. Parfois, de nouvelles « missions » sont proposées quarante-huit heures avant le jour J : un avis de manifestation a été lancé ; une personnalité politique effectue un déplacement prévu au dernier moment ; etc. Si l'on se positionne, le coordinateur peut valider notre réponse du jour au lendemain.

Mais contrairement aux gendarmes actifs, nous n'avons pas d'astreintes. Nous ne risquons pas de recevoir un appel à une heure du matin parce qu'un homme est en train de menacer sa copine avec un couteau et qu'on doit quitter la caserne à toute vitesse.

« ASL dans dix minutes », annonce le COG.

L'ASL, c'est l'arrivée sur les lieux pour l'intervention. La nuit ou les week-ends, les gendarmes d'astreinte apportent leur renfort quand les patrouilles de nuit ou du dimanche sont déjà occupées et qu'il y a une urgence. Être debout, habillé, avoir sorti sa voiture, se rendre sur les lieux en dix minutes est un joli exploit qu'ils doivent accomplir régulièrement.

Pour être d'astreinte, il faut habiter sur place en caserne, ce qui n'est pas notre cas en tant que réservistes. Par contre, quand nous sommes affectés dans une brigade, nous y restons toute la journée, et nous effectuons plusieurs activités par tranche horaire, en fonction des besoins, car nous ne sommes pas spécialisés. On peut être en police de route de huit heures à dix heures, puis dans les bus jusqu'à midi, et finir la journée en parcourant la commune. Certaines missions sont accessibles uniquement après avoir été habilité.

Deux ou trois fois par an, nous sommes convoqués pour effectuer des formations qu'on appelle des « instructions ». Nous mettons à jour nos connaissances avec des « moniteurs d'instruction professionnels » (MIP) qui nous forment à nouveau au tir, nous font repasser des tests. Nous apprenons de nouvelles techniques d'intervention pour pouvoir être efficaces sur le terrain dans les différentes unités où nous sommes envoyés. En fonction des directives qu'on a suivies, on peut recevoir une habilitation. C'est ainsi que certains réservistes peuvent être autorisés à utiliser des pistolets à impulsion électrique.

Comme les autres gendarmes, nous sommes gradés. Il y a les soldats de première classe, de deuxième classe, les gendarmes, les maréchaux des logis, les adjudants, et même des capitaines de réserve. Bien sûr, être capitaine en tant qu'actif et réserviste n'implique pas les mêmes responsabilités, mais cette hiérarchie donne des espoirs de promotion et reflète la considération avec laquelle on nous traite.

Les périodes d'engagement de cinq ans sont renouvelables si on le souhaite, mais aussi si notre sérieux et notre envie de servir notre pays ont été remarqués. Nous sommes tout le temps notés. Les chefs de groupe remplissent des grilles et font des observations à chaque mission. Mais au-delà de ces retours du terrain, nous travaillons sous l'autorité d'un chef de groupe qui est un réserviste, comme nous. Il est notre référent. C'est la personne que nous pouvons appeler en cas de problème. C'est aussi lui que nous devons prévenir immédiatement si nous avons dû tirer avec une arme. La confiance entre lui et nous est indispensable.

Notre chef référent est en contact permanent avec le terrain et il se renseigne auprès des commandants des brigades dans lesquelles nous intervenons pour savoir comment nous nous comportons avec les équipes et sur les différentes missions. Il cherche à savoir si nous sommes assidus, etc. Il pose des questions aux uns et aux autres.

« Est-ce que tu as tourné avec Diop ? Il est sérieux ? Il est arrivé à l'heure ce matin ? Comment il se comporte ? »

Un faisceau de remarques informelles vont lui permettre de se faire une idée.

Celui qui coopère, qui donne des idées pour apporter des améliorations, pour suggérer de poser une caméra à tel endroit stratégique, sera vu comme un réserviste de confiance, et l'on reconduira plus facilement son contrat.

A contrario, celui qui arrive en retard, qui ne s'inscrit pas quand il y a besoin de renfort, ou pire, qui se désiste pour un oui pour un non, ne sera pas renouvelé. Mais on peut aussi être mal noté parce qu'on est arrivé au poste en tenue de gendarme, alors qu'on n'est pas en service et que de fait on a impliqué l'image de la gendarmerie dans notre vie civile.

CHAPITRE 4

Le regard de la société sur les gendarmes

Derrière son uniforme, sous sa casquette, un gendarme est un homme comme les autres, qui prend son café le matin. Il est parfois un père de famille. Comme tout le monde, il peut aller au cinéma ; comme tout le monde, il va dîner au restaurant, quelquefois. À l'instar de beaucoup d'autres, c'est un homme qui peut aimer faire du sport.

Mais quand il est à son travail, il est au service de la population. Il remplit une mission qui dépasse le rôle d'une personne lambda. C'est au nom de cette mission d'intérêt collectif qu'il peut être amené à entrer dans l'intimité des gens. Quand on l'appelle pour des violences au sein d'un couple, il doit se précipiter en urgence et empêcher parfois un étranglement qui risque de tourner au drame. D'autres fois, il est sollicité à la suite d'une collision frontale entre deux voitures : il assiste alors aux conséquences du choc entre deux personnes qui ne se connaissaient pas, qui n'avaient rien à voir entre elles, qui n'auraient jamais dû entrer en contact et dont les destins se retrouvent maintenant liés. Dans ce cas-là, aussi, il est le témoin direct et immédiat d'un bouleversement dans la vie des gens. Notre uniforme et notre casquette rendent visible cette seconde peau que nous portons lorsque nous sommes en service. Mais il arrive que les gens fassent la confusion.

Je me rappelle un jour où j'achetais mon pain à la boulangerie. Je croise un homme que j'ai arrêté la veille à la suite d'un défaut de permis. Je sens son regard. J'ai vu de loin qu'il m'a reconnu, et maintenant que je suis dans la boulangerie, je vois qu'il continue à me toiser, alors que dans ce lieu, à cet instant, je suis une personne lambda.

Le regard de la société sur les gendarmes ne nous est pas toujours favorable. Pourtant, si nous n'étions pas là, si les gens ne savaient pas qu'ils peuvent nous appeler à tout moment, la société vivrait dans une anarchie qu'on peut facilement imaginer. Des gens - bien plus nombreux qu'aujourd'hui - iraient dans les magasins pour acheter un sandwich et une bonne bière sans payer. D'autres plongeraient dans la Seine pour y nager dès qu'il fait un peu chaud ou qu'ils ont bu un coup de trop. Beaucoup perdent le sens commun quand ils veulent impressionner la galerie. Des enfants de 14 ans prendraient le volant de la voiture de leurs parents et fileraient sur l'autoroute. On assisterait à un grand nombre d'attroupements dans des lieux publics pour faire des barbecues. On verrait des gens au milieu des ronds-points, accrochés à leur téléphone, tout à leur conversation - parfois animée. Les automobilistes partiraient en trombe après avoir fait le plein d'essence. Si les locataires ne risquaient pas d'être expulsés de leur appartement, on se demande bien qui voudrait payer son loyer.

Les personnes ont facilement tendance à piétiner les droits des autres, mais ce sont souvent aussi elles-mêmes qu'elles mettent en danger. Dans mon département, nous sommes souvent appelés pour surveiller un lac artificiel qui a été créé dans une ancienne carrière, à quelques dizaines de kilomètres de Paris. Ce site est magnifique. Le lac a été privatisé et il est possible d'y effectuer un certain nombre d'activités, comme apprendre à faire de la plongée, mais en aucun cas les baignades publiques ne sont autorisées. Faire quelques pas dans le lac, c'est risquer d'avoir plusieurs dizaines de mètres de profondeur sous les pieds.

Le lac est entouré de grillage, mais chaque année, des personnes prennent cet interdit à la légère, coupent les fils de fer et se baignent, malgré les risques élevés. Et tous les étés, des personnes meurent dans cette eau trop claire qui les attire comme des aimants. Plusieurs équipes de gendarmes sont dépêchées pour contrôler en permanence les abords du lieu et protéger les gens contre eux-mêmes. Mais quand nous essayons de faire de la pédagogie et d'expliquer pourquoi les baignades ne sont pas autorisées, nous avons souvent l'impression de ne pas être pris au sérieux.

Le malentendu commence souvent là : trop de gens ne comprennent pas le sens des interdits et pensent que nous ne faisons que leur chercher des problèmes. Ils nous en veulent comme si nous les embêtions par plaisir.

Quelquefois, les usages peuvent paraître arbitraires si l'on ne connaît pas l'historique. C'est le cas lorsqu'il devient interdit de transporter des moutons vivants dans son coffre parce que nous sommes la veille de l'Aïd. Pourquoi impose-t-on une règle valable pendant quelques jours seulement ? Parce que malheureusement, certaines personnes agissent sans réfléchir aux conséquences de leurs actes, et qu'à cette période, on retrouve chaque année des sacs remplis de sang et de têtes de mouton dans les caves de certains immeubles. C'est l'irrespect des règles de vie commune - ou d'hygiène, dans ce cas - qui a obligé à sévir et à en créer de nouvelles dont on aurait pu se passer. En tant que gendarmes, nous nous retrouvons devant la tâche - difficile, parfois - d'avoir à expliquer ce genre de règlements.

Lorsque nous sommes appelés, nous avons deux étapes à respecter. Nous commençons par dresser un constat. C'est seulement dans un second temps que nous devons faire respecter la loi. Quand des jeunes se livrent à des rodéos dans des endroits où ils n'ont pas à être, notre but n'est pas de placer des interdits au-delà du nécessaire. Si ces jeunes peuvent faire de la moto dans d'autres lieux où ils ne gênent personne, nous n'y voyons pas d'inconvénient.

De temps en temps, tout va très vite, car nous sommes aussi les pompiers qui éteignent des incendies. Certains ont le feu en eux, et pour éviter qu'ils s'enflamment, nous commençons par essayer de faire en sorte que cette colère s'éteigne, si possible par le dialogue. Quand nous ne pouvons pas faire autrement, nous employons la force. C'est à nous d'adapter nos moyens en fonction de la situation.

Les personnes qui nous voient arriver ne sont pas toujours conscientes que le gendarme en face d'eux est un professionnel tenu par un code éthique qui lui dicte de faire respecter les lois, et en même temps de faire preuve d'une certaine indulgence. L'article 6 de la Charte du gendarme rappelle que « les exigences éthiques et de déontologie guident l'action [du gendarme], notamment lorsqu'il prend des mesures cœrcitives ou intrusives. Par respect, le gendarme s'interdit toute attitude, parole ou geste déplacés, quelles que soient les situations et les personnes auxquelles il se trouve confronté ».

Notre cas est souvent plus favorable que celui des policiers qui assurent le maintien de l'ordre dans les zones urbaines. Nous travaillons dans des communes plus petites. Ce découpage est souvent à l'avantage des gendarmes qui exercent sur des territoires moins densément peuplés. La tâche est, en général, moins anonyme.

Quand on travaille dans un contexte moins tendu, on est moins sur la défensive et l'on peut s'adapter à la situation et à la personne en face de soi. On peut tenir compte de ce qu'elle représente dans sa ville. On peut prendre le temps d'instaurer une distance avec l'individu interpellé et le vouvoyer, par exemple.

Les gendarmes sont quand même régulièrement confrontés à des situations lourdes. Les sorties de soirée peuvent mal tourner, il arrive que les bagarres dégénèrent par des jets de bouteilles que nous devons éviter. Nous pouvons être entraînés dans des courses-poursuites. Les arrestations donnent parfois lieu à des refus d'obtempérer. C'est le cas dans certaines régions de la France, où les gendarmes sont très exposés.

Il existe aussi des communes où la gendarmerie et la police municipale exercent sur le même territoire. En théorie, les rôles de chacun sont bien délimités. Les policiers municipaux dépendent directement du maire. C'est leur force, car ils travaillent en contact très étroit avec la population, mais leur rôle et leur autorité sont souvent limités. Ils contrôlent les disques et dressent des contraventions, assurent la surveillance aux abords des écoles. Ce sont eux qui barrent les routes lorsqu'une braderie est organisée, qui vérifient les caméras de vidéosurveillance. En cas de problèmes de voisinage, ils sont aussi les premiers appelés.

Normalement, ils ne sont pas armés, mais dans les faits, ils le sont de plus en plus souvent. Dans les cités, on entend fréquemment dire : « Ce sont les municipaux », et l'on sait que ce n'est pas un compliment dans la bouche des habitants. En cas de soucis, si les choses prennent une mauvaise tournure, ils n'ont pas toujours l'autorité nécessaire. Quand ils sont dépassés, la gendarmerie arrive en secours. En tant que corps de l'armée, elle est souvent plus respectée.

CHAPITRE 5

Les gendarmes ont aussi un cœur

Parfois, lorsqu'ils nous voient arriver, les gens sont hostiles et oublient l'homme derrière l'uniforme. Pourtant, nous jouons un rôle social ; et l'homme, sous la casquette, a un cœur qu'il vaut mieux laisser parler dans certaines situations, même si notre rôle n'est pas celui des associations. Le contact avec les populations est un aspect important du métier.

Un jour, nous sommes appelés auprès de monsieur Martin, une personne d'une soixantaine d'années qui est la mascotte de la ville, mais qui a un problème d'alcool.

« Transportez-vous pour aller voir monsieur Martin. Il est en train de boire sur la voie publique et il embête un peu les passants. »

Nous le connaissons bien. Il a un TAJ[2] propre : il n'a jamais utilisé d'arme, on sait qu'il n'est pas méchant, mais il boit ; et quand il est dans cet état, il sort de chez lui et importune les autres. Ici, quelqu'un a appelé les gendarmes pour qu'il arrête d'interpeller tout le monde.

Nous nous rendons sur place pour lui parler, en sachant que nous n'aurons pas à utiliser la force.

« Encore vous ! Vous ne vous souvenez pas de ce que je vous ai dit hier ? »

Le contact avec lui n'est pas anonyme. Pourtant, même avec les personnes que nous connaissons et qui n'ont pas d'antécédents de violence, on ignore ce qui peut arriver. On sait qu'il ne nous accueillera pas à bras ouverts et qu'il n'a pas vraiment envie de nous voir. Un jour, il s'est même pissé dessus quand nous nous sommes présentés ! Mais dans ce cas, nous ne pouvons pas nous contenter de

2. Traitement d'antécédents judiciaires.

le ramener chez lui. Il sortirait dans la demi-heure qui suivrait. Nous ne pouvons pas non plus le laisser continuer à importuner les passants. Notre but est que monsieur Martin accepte de nous suivre, et de l'amener à l'hôpital, pour que le médecin nous notifie s'il est apte à rester dehors ou pas.

Si l'urgentiste donne son aval, nous l'emmenons en dégrisement. Il y restera vingt-quatre heures maximum, mais nous savons qu'il est maîtrisable, et même qu'il est vulnérable. Nous ne lui mettons pas les menottes et nous attendons qu'il soit dégrisé pour le laisser partir. Il passera plusieurs heures en garde à vue dans des conditions qui me paraissent plutôt favorables : pour manger, il aura le choix entre plusieurs plateaux-repas, il aura son jus de pomme et son dessert. Avant de le laisser partir, on lui parle. On lui donne des adresses pour faire une cure.

Comme les pompiers, nous sommes amenés à intervenir auprès de tout type de personnes et à découvrir l'envers du décor de la société. Parfois, nous sommes les premiers à recueillir le témoignage de situations tragiques. Je me rappellerai toujours cette vieille dame de

89 ans que nous étions allés retrouver à la suite de l'appel d'un voisin qui entendait des cris.

Nous arrivons dans un bel appartement au troisième étage d'un immeuble de *standing.* Nous sonnons. Une très vieille femme nous ouvre. Elle a l'air complètement retournée, mais elle ne veut pas parler. Nous nous adressons à elle gentiment. Elle commence à nous faire confiance et à nous raconter qu'elle habite avec sa fille qui a 60 ans et qui reste à la maison toute la journée depuis qu'elle a été licenciée de son poste de secrétaire. Elle boit, et dans ces moments-là, elle insulte sa mère. Elle lui dit des choses terribles. Sa mère lui donne l'argent des économies qu'elle a rassemblées tout au long de sa vie, en espérant la calmer, mais c'est toujours l'inverse qui se produit.

Nous sommes consternés devant ce témoignage de maltraitance psychologique, au milieu des bibelots et des lustres de cet appartement. Nous encourageons la mère à porter plainte, mais elle refuse. Elle nous explique que même si sa fille la fait souffrir, elle s'occupe d'elle. C'est grâce à elle qu'elle peut rester en appartement. Elle sait bien qu'elle serait obligée d'aller en EHPAD si elle était seule. Cet appartement est tout pour elle, tout ce qu'elle a pu construire au cours de sa vie, et elle veut y mourir. Elle a aussi besoin de sa fille pour sa vie de tous les jours. Elle nous explique qu'elle pense être un fardeau pour la société ; alors, elle en vient à excuser sa fille. Elle s'étonne de voir que nous l'écoutons, elle ne comprend pas qu'on puisse s'intéresser à ses histoires.

En partant, nous voyons bien qu'elle est émue. Parler lui a fait du bien. Cette dame, en tout cas, a eu l'occasion de se rendre compte qu'un gendarme est aussi un homme et qu'il n'est pas seulement là pour dresser des amendes. Lui aussi peut avoir un cœur. Ce jour-là, j'ai été très touché.

Le contact de la souffrance humaine comporte une charge émotionnelle qui rend ce métier parfois très dur. C'est souvent cet aspect du travail de gendarme qui est à l'origine de certaines formes d'épuisement professionnel. La violence des interventions n'est pas le seul facteur de risque psychosocial au sein de la gendarmerie : rencontrer la détresse en est un autre, et il ne faut pas le sous-estimer.

CHAPITRE 6

Intervenir ou ne pas intervenir ?

Parmi les problèmes sociaux sur lesquels nous devons intervenir, une situation revient malheureusement régulièrement : des personnes placées dans des centres fermés fuguent parce qu'elles ne se sentent pas bien là où elles se trouvent.

Il m'est arrivé plusieurs fois d'être en mission au sein d'une patrouille qui doit se « transporter » après l'appel d'une clinique psychiatrique. Un de leurs patients schizophrènes est sorti sans autorisation et il ne revient pas. Nous prenons l'adresse, et dix minutes plus tard, nous sommes sur les lieux. Nous sonnons à l'appartement de la mère sans savoir comment cet homme réagira. Il est calme, mais il ne comprend pas le problème. Il a voulu prendre l'air, nous explique-t-il, et il est persuadé d'avoir le droit de sortir.

Une autre fois, c'est la mère d'un autre patient qui a téléphoné. Lorsque nous arrivons, elle nous explique que son fils autiste est placé depuis plus de quinze ans dans un centre. Il fait des allers-retours tous les week-ends pour rentrer chez ses parents, et chaque dimanche soir, il refuse de retourner dans son centre. Nous disons au jeune homme qu'il a besoin d'être soigné. Il faut que nous le convainquions. Mais la réalité, c'est qu'il est complètement abruti par les médicaments et qu'il déteste - apparemment - l'institution où il est. La mère aussi pleure... Tous les deux ont du mal à se séparer. Nous assistons à une scène très triste, mais nous sommes bien obligés de faire monter l'homme dans le véhicule.

Nous essayons d'éviter de le menotter. Nous veillons à le placer sur le siège arrière droit, pour qu'il ne risque pas de geste brusque contre le chauffeur. Mais si l'on voit qu'il est hors de lui, alors, nous devons l'empêcher de nuire.

Une fois que les personnes sont arrivées dans la clinique et qu'elles sont prises en charge, nous appelons les familles pour les rassurer et leur dire que tout s'est bien passé.

De telles situations sont traumatisantes pour tout le monde, et nous sommes conscients qu'il vaudrait mieux que nous n'intervenions pas. C'est ce qu'il s'est produit certaines fois, comme la nuit où nous avons vu arriver au bureau la directrice du foyer de l'assistance sociale éducative (ASE) de la ville où je faisais une mission.

Elle se présente, parce qu'un adolescent de 15 ans s'est enfui du foyer qui le prend en charge depuis deux mois. Il est deux heures du matin, la directrice tente d'appeler le garçon depuis plus d'une heure, mais il ne répond pas. Elle vient donc déposer un signalement. Nous essayons à notre tour de lui téléphoner, mais toujours rien. À ce moment-là, finalement, elle fait une dernière tentative et tombe sur lui.

— « Je suis au commissariat. J'ai dû déclarer que tu t'étais enfui. Si les gendarmes t'attrapent, ils seront obligés de t'arrêter. Il reste encore une autre solution : si tu me dis où tu es, je prends ma voiture et je viens te récupérer tout de suite. »

Le jeune homme se méfie, il pense que c'est un piège. Elle insiste, lui explique la situation, lui dit qu'elle est au commissariat, en lui faisant écouter le bruit de fond du bureau. Au bout d'une demi-heure de discussion, elle finit par réussir à le convaincre. Une heure plus tard, nous recevons un appel de sa part qui nous confirme qu'elle a retrouvé le garçon et qu'ils sont arrivés au foyer. Ce soir-là - comme souvent, heureusement -, le fait que nous étions là, prêts à intervenir, a débloqué le problème.

Cette issue est la plus favorable, à mon avis ; mais la menace de nous voir arriver a de moins en moins d'impact, car les gens n'ont plus vraiment peur des forces de l'ordre.

CHAPITRE 7

Le planton

« Le téléphone sonne. C'est pour toi !

— C'est pas moi, le planton, aujourd'hui. C'est Laura. Elle est sortie fumer une cigarette.

— Réponds quand même. Il faut que quelqu'un la remplace à l'accueil.

— J'arrive ! crie Laura de la rue. Je sais qui c'est. Il peut attendre un peu. C'est un cassos. Il arrête pas d'appeler depuis qu'on lui a retiré son permis. Il a tiré sur un sanglier avec une arme de catégorie B, alors qu'il a juste un permis de catégorie C. Il ne veut pas comprendre, et pourtant, il a tiré près des habitations. »

Le planton, c'est celui qui occupe le bureau des pleurs. Il est à l'accueil et il attend que des gens se présentent ou appellent. Il les redirige vers un gendarme qui prendra leur plainte. Si personne n'est disponible, il leur demande de patienter. En général, le planton ne passe pas beaucoup de temps à attendre à l'accueil, car il « ramasse » beaucoup - sous-entendu : il reçoit beaucoup de coups de fil. Ce poste est réservé aux gendarmes actifs, mais personne n'aime occuper ce rôle. Pour ma part, je préfère l'action. C'est là que je me sens le plus utile. Pourtant, tous les gendarmes actifs ont dû remplir cette fonction à un moment de la journée et de leur carrière, et l'on comprend mieux ce qu'ils vivent quand on se met un peu à sa place.

Laura prend le combiné :

« Gendarmerie de La Marina, j'écoute.

— Mon chat a griffé celui de mon voisin, et il veut que je lui paye le vétérinaire.

— Patientez, j'ai un autre appel. »

Après quelques minutes de réflexion, où elle fait mine d'avoir reçu un autre appel, elle revient vers la personne qui est au bout du fil.

« Débrouillez-vous, décide-t-elle de lui dire. On ne se déplace pas pour des histoires de chat. »

Le planton sait qu'il doit mettre en confiance l'interlocuteur. Il n'a pas à prendre parti, mais il doit quand même être aux côtés de cette personne qui croit en l'institution, et il ne s'agit pas de la décourager. Mais parfois, on ne sait pas quoi dire. On sent bien qu'on nous appelle pour tout et n'importe quoi, et que la demande dépasse notre rôle. Le planton est un poste d'observation où l'on voit que certains ont tendance à trop se reposer sur nous.

Le même jour, Laura « ramasse » encore de nouveaux appels.

« Il y a un chat noir[3] ici ou quoi ? » demande-t-elle en s'adressant aux trois gendarmes de la patrouille qui prennent un café dans la salle commune avant de repartir sillonner le secteur. Nous éclatons de rire, car c'est vrai que le téléphone n'arrête pas de sonner.

« Gendarmerie nationale de La Marina, bonjour. Je vous écoute.

— Venez vite. Je suis au 112 rue du Perché, dans le centre-ville de La Marina. Ma voisine

3. Le « chat noir », dans notre langage, c'est un gendarme qui attire les appels.

m'a frappé avec un porte-clés à la suite d'une bagarre de chats. Je pisse le sang. »

Le planton occupe un poste stratégique : il doit hiérarchiser, arbitrer et décider ce qui est prioritaire par rapport à ce qui ne l'est pas. Parfois, il se trompe, car on ne peut pas toujours anticiper et deviner comment les choses vont tourner. Bien sûr, il tente de mesurer le degré d'agressivité de la personne au téléphone, il essaie d'analyser la situation. Mais la sécurité n'est pas une science exacte, et les mauvaises surprises sont toujours possibles. Ici, la dispute entre les voisins qui s'opposaient à cause de leurs chats a manifestement dégénéré.

Dans la gendarmerie, le COG est un poste où l'on est un peu comme un planton 100 % du temps. Ce centre est celui sur lequel les gens tombent quand ils composent le 17. Dans l'urgence, on ne pense pas toujours à solliciter la gendarmerie de proximité, on ne cherche pas toujours le numéro dans l'annuaire, on préfère joindre le 17. Or, lorsqu'on compose ce numéro, on tombe sur les gendarmes du COG qui travaillent dans un *open space*, où ils reçoivent des coups de fil de toute l'Île-de-France. Ils appellent ensuite le planton de la gendarmerie locale ou transmettent directement un message aux patrouilles pour qu'elles se « transportent » s'il y a urgence.

Seuls les gendarmes actifs sont affectés dans cette usine de sollicitations où l'on doit rester constamment sur le qui-vive, car tout peut arriver.

« Mon chat est coincé dans l'arbre.

— Désolé, mais c'est le 18 qu'il faut appeler pour ça. »

Le téléphone sonne à nouveau.

« Gendarmerie, j'écoute.

— Ma copine ne veut pas finir son verre. Est-ce que vous pouvez lui parler ? » Derrière la voix masculine, celle d'une fille qui s'énerve : « Mais qu'est-ce que tu fais ? Tu es malade ! »

La conversation est coupée, et le jeune homme rappelle aussitôt.

« Allez, dites-lui de prendre un dernier verre », continue-t-il en s'adressant au gendarme du COG. »

La femme à côté de lui s'affole : « Tu es dingue ! Ils vont te géolocaliser. »

Le COG raccroche, excédé. Ces derniers temps, ils ont vraiment la sensation qu'on les prend pour des andouilles. Ce rigolo s'amuse sur le dos de la gendarmerie et lui fait perdre un temps précieux. Derrière, onze appels attendent.

« Gendarmerie, j'écoute.

— Mon frère veut se suicider. Qu'est-ce que je peux faire ?

— Vous êtes où ? Surtout, ne paniquez pas. On arrive. »

Ni le planton ni le COG ne sont sur le terrain. Ils ne suivent pas les affaires et ne voient pas les problèmes se dénouer. Au lieu de cela, ils reçoivent des demandes en chaîne, des appels, des cris. Ils doivent calmer à distance. Ils n'apparaissent jamais dans les films, les gens ne les remercient pas, ne les voient pas, mais ils sont un maillon indispensable avant que nous arrivions sur le terrain.

CHAPITRE 8

Les gendarmes et les voleurs

Récemment, un copain est venu me voir tout excité en me disant :

« J'ai envie de changer de voiture et d'acheter une Porsche Boxster.

— Achètes-en une normale, lui dis-je aussitôt. Les Porsche sont des voitures de luxe, on les vole de plus en plus. Tu vas attirer les crapauds avec un modèle de ce genre.

— Je la mettrai au garage.

— Mais ça ne suffit pas. Il faut être équipé d'une vidéo quand on a une voiture comme ça, maintenant.

— Je prendrai une assurance, et si on me la vole, je déposerai plainte à la gendarmerie.

— Et voilà pourquoi les gendarmes passent 60 % de leur temps à faire des plaintes et du judiciaire », rétorqué-je.

Je comprends sa logique. Il est frustrant de ne pas réaliser un rêve alors qu'on s'en est donné les moyens. Moi aussi, je trouve regrettable de devoir se limiter à cause du quartier dans lequel on habite. Mais les gendarmes ne changeront pas la société. Ils n'ont pas ce pouvoir-là. Leur rôle est de freiner les gens qui mettent en danger les personnes autour d'eux. Leur présence est souvent dissuasive, pour autant, ils n'ont jamais pu empêcher la société d'être ce qu'elle est.

Et malheureusement, le plus souvent, devant les vols de voitures, ceux à l'arrachée, les cambriolages, qu'ils soient effectués de jour ou de nuit, nous ne pouvons pas faire grand-chose. Nous nous « transportons » à cause d'un cambriolage en mettant les gyrophares et en roulant le plus vite possible, mais une fois sur place, les malfaiteurs ont presque toujours disparu. Tout est allé vite, ils sont très organisés. Ils arrivent à trois, le plus souvent, et ils ne laissent pas de traces. Dans le meilleur des cas, ils sont partis sans avoir eu le temps de prendre quelque chose, parce qu'ils ont compris qu'on nous appelait.

Pour les vols d'ordinateurs, de téléphones ou même de voitures, les unités dédiées aux contrôles informatiques sont dotées de moyens très performants. Elles finissent par identifier les voleurs avec les adresses IP des ordinateurs qu'ils ont pillés et qu'ils cherchent à revendre. Mais ces avancées ne doivent pas donner trop d'espoir aux personnes victimes de ces larcins, car on ne retrouve que très, très rarement les objets dérobés. Des arrestations ont lieu longtemps après, mais les forces de l'ordre qui sont sur le terrain n'attrapent presque jamais les coupables. Nous nous rendons sur place, mais nous ne faisons que constater.

Deux semaines après ma discussion avec mon copain, je « grenouille » avec une patrouille, comme on dit ; autrement dit, nous circulons dans le véhicule de la brigade pour repérer les situations anormales. Ce jour-là, nous recevons un appel.

« Dépêchez-vous, on a une alerte pour une voiture qui vient d'être volée. C'est une Porsche immatriculée : « Alpha - Alpha - Bravo - 8005 Delta - Charlie. »

L'alphabet des gendarmes permet de se comprendre vite et de ne pas réfléchir lorsqu'on doit donner un numéro d'immatriculation ou un nom, mais je me suis toujours demandé comment il a été inventé. À ce moment-là, pourtant, je n'ai pas le temps d'entrer dans ces considérations, car un doute me vient : cette Porsche ne serait-elle pas celle de mon ami ?

Il ne m'a pas fait signe depuis notre conversation, il y a quinze jours. Quelque chose me dit qu'il ne m'a pas écouté. Les Porsche ne sont pas ce qu'on trouve le plus souvent dans le quartier, c'est le moins qu'on puisse dire. Si ce que je pense est juste, il n'a pas attendu longtemps pour se faire voler son beau bolide ! Il aurait pu s'épargner une grosse frustration et se dispenser de faire appel à une assurance qui pratique des coûts de plus en plus élevés, parce qu'on la sollicite sans arrêt.

CHAPITRE 9

Les OP-INT

En tant que réserviste, je passe d'une brigade à l'autre au sein de mon département, mais je peux aussi être appelé à l'extérieur, pour apporter du renfort dans un autre département. Ce sont les fameuses OP-EX, les opérations extérieures, essentiellement ouvertes aux réservistes. Sur le littoral de la Manche, nous sommes régulièrement réquisitionnés pour aider les gendarmes locaux à assurer la surveillance de villes comme Fort-Mahon ou Quend-Plage, avec la mission Poséidon.

Je me suis porté volontaire une demi-douzaine de fois, en hiver comme en été. Nous sommes des groupes de seize appelés et travaillons aux côtés de la gendarmerie locale sous l'autorité d'un chef de détachement qui connaît bien les lieux. Nous patrouillons par groupes de trois et participons aux activités du quotidien. Quand la ville de Fort-Mahon a organisé un défilé de voitures centenaires pour célébrer ses 100 ans, nous étions présents, sous une forte chaleur, pour venir en renfort à la police municipale en cas de problème. Mais si nous sommes là, ce n'est pas pour assister à des défilés, c'est avant tout pour contribuer à la lutte contre les passages clandestins en Grande-Bretagne.

Ici, les migrants ne vivent pas dans des camps à la vue de tous. Ils sont cachés, on ne sait pas où ils dorment, mais on repère de temps en temps de jeunes hommes qui circulent par groupes de cinq ou six. En été, au milieu des touristes aisés de cette station balnéaire très recherchée, ils sortent du lot. Notre rôle est de les aborder et de nouer le contact, de savoir d'où ils viennent, pourquoi ils sont là, s'ils sont en situation régulière, etc.

Avec eux, comme avec le reste de la population, notre mission n'est pas celle des associations humanitaires. En général, nous finissons par emmener les migrants au poste de police pour une enquête plus approfondie sur leur situation. Mais entre-temps, nous leur offrons du café, parfois des couvertures, et discutons un peu. Certains sont à bout, ils ont déjà donné tout leur argent à des passeurs une première fois ; puis ils ont reconstitué des économies qu'ils ont reperdues à cause d'un passeur qui les a escroqués. Ils se sont encore fait tout voler une troisième fois. Nombre d'entre eux n'en peuvent plus, et ils s'emportent quand ils nous voient arriver.

Mais la plupart du temps, l'échange est cordial. Nous échangeons en français ou en anglais, selon la langue du migrant. Je me souviens d'un Afghan en particulier qui m'a vraiment attristé lorsqu'il m'a parlé de la pauvreté dans son pays. Nous savons que la plupart d'entre eux ont vécu aux portes de l'enfer. Après ce contact, nous les perdons de vue. Ce qui leur arrive n'est plus de notre ressort.

Notre mission principale n'est pas de lutter contre de telles personnes, mais d'éviter les trafics des passeurs qui sont en partie responsables de ces situations, en plus, bien entendu, des groupes qui exercent la terreur dans les pays d'origine. En général, ce sont d'anciens migrants régularisés qui vivent en exploitant les espoirs fous de leurs compatriotes. Nous pouvons en identifier quelques-uns à l'occasion d'un contrôle de flux, quand on ouvre une camionnette et qu'on tombe sur un bateau gonflable ou sur des bidons d'essence. Ici, ils sont pris en flagrant délit.

Mais le plus souvent, nous repérons du matériel en faisant des rondes. Nous marchons parfois pendant deux heures en pleine nuit dans « la pampa », comme on dit ici. Sur le littoral de la Manche, les missions de nuit sont beaucoup plus fréquentes qu'en Île-de-France. Dans la pénombre, nous avançons avec nos grosses lampes torches, à la recherche d'équipement caché. Nous traquons les indices d'une embarcation en préparation, car trouver du matériel signifie que quarante ou cinquante personnes s'apprêtent à se mettre en danger pour faire la traversée dans des conditions insensées. D'un certain côté, nous pouvons avoir le sentiment que notre rôle est de protéger ces malheureux. En tout cas, nous ne sommes pas seulement là pour les chasser.

En revanche, une fois qu'une embarcation est à l'eau, nous ne pouvons plus rien faire. Nous n'avons plus qu'à appeler la gendarmerie maritime - qui peut encore intervenir tant qu'ils sont en zone française. Le fait que nous soyons sur les côtes est déjà dissuasif pour les passeurs qui se méfient. C'est notre présence qui est utile pour limiter les trafics.

« Ils sont là », disent-ils entre eux.

En réalité, dans des villes comme Fort-Mahon ou Quend, certaines saisons, le travail au quotidien est parfois moins stressant qu'en Île-de-France. Nous sommes en mission, certes, et il est vrai que les rondes de nuit sont éreintantes, mais nous travaillons dans un cadre idyllique. La mer, les dunes à perte de vue donnent un certain attrait à ces missions Poséidon. Les contacts avec les passeurs et avec les migrants ne sont pas fréquents. Les situations stressantes arrivent, mais elles ne sont pas très nombreuses.

Ce qui est généralement le plus mal vécu par les gendarmes réservistes est le fait qu'ils sont exilés pendant plusieurs semaines. Au bout de quelques jours, ceux qui ont des enfants commencent à s'impatienter. On sent qu'ils ont envie de rentrer pour retrouver leur famille. C'est la contrepartie de notre statut : nous devons être présents là où on a besoin de nous. Certains peuvent trouver la situation pesante ; d'autres, comme moi, se sentent plus libres.

CHAPITRE 10

Être armé

Je me souviendrai toute ma vie du jour où j'ai pointé une arme sur un homme. Mettre en joue quelqu'un n'est pas un acte naturel. Au moment où cela se produit, on sait très bien qu'on n'est pas dans un jeu vidéo. On n'est pas dans Game Night. On n'est pas dans Fortnite. Pas non plus dans Driver. On est dans la réalité, et je ne souhaite à personne d'être à cette place.

Ce jour-là, nous sommes en hiver. Il est environ dix-huit heures, la nuit commence déjà à tomber sur la ville de Fauvert. Nous patrouillons à quatre dans le véhicule de la caserne. Nous croisons une voiture qui roule en zigzaguant. Un homme est au volant ; à ses côtés, un passager : un homme jeune lui aussi. Nous décidons de poursuivre la voiture pour faire un contrôle, mais ils accélèrent. Ils finissent par s'engouffrer dans une rue sans s'apercevoir que c'est une impasse. Ils descendent du véhicule en faisant un geste qui laisse penser qu'ils sont armés.

Dans les quartiers où nous travaillons, les gens le sont de plus en plus souvent. Cela ne défraye pas la chronique. Nous ne vivons pas dans un pays où l'on entend tirer. Les armes servent, le plus souvent, à régler des comptes ou à dissuader : quand on fait un braquage, en avoir en impose ; les balles blanches peuvent faire peur. De plus, se procurer un pistolet sans balle ne nécessite pas d'avoir un permis, il suffit de se présenter avec une pièce d'identité.

Lorsque nous abordons quelqu'un, la question qui occupe notre esprit est : est-il armé ? Dans une bagarre, pour dissuader les personnes qui sont sur les nerfs, nous sortons notre bâton télescopique, le BPT. Avec son manche, sa section télescopique, sa section terminale et sa pointe, en général, il fait fuir les gens. Tout le monde sait qu'il peut faire mal si nous nous en servons. Mais le but n'est pas de l'utiliser. Je l'ai sorti plusieurs fois en sept ans, notamment dans des manifestations, mais je l'ai toujours fait uniquement pour décourager. Je n'ai jamais eu besoin d'aller plus loin.

Le jour où j'ai voulu me servir de mon arme, la situation était différente. Au sein de notre patrouille, nous n'avons pas eu à nous parler, nous avons tous fait la même analyse. Au moment où ils descendent de la voiture, les deux hommes nous donnent l'impression à tous les quatre qu'ils se saisissent d'une arme qu'ils portaient sur eux. Après ce geste inquiétant, ils s'enfuient. Nous les poursuivons en nous répartissant les rôles, sans échanger un mot. Les deux gendarmes assis à gauche de notre véhicule courent après le chauffeur. Les deux qui se trouvaient sur la droite poursuivent l'autre homme.

Ma place était sur la banquette arrière gauche ; donc, je pourchasse le conducteur. Je vois qu'il essaie de se réfugier chez un habitant. J'aperçois la scène au loin. Le propriétaire surgit et le chasse immédiatement de chez lui. Comme je cours vite, je me retrouve face à face avec le chauffeur au moment où il est expulsé de la maison. Je suis seul pendant quelques minutes, le temps que mon binôme me rattrape. L'espace entre lui et moi s'est réduit à presque rien. Je m'approche. J'ai toujours en tête le geste qu'il a fait tout à l'heure, comme s'il avait voulu saisir son arme. Alors, je sors la mienne et je fais les injonctions. Je lui ordonne de se mettre au sol. Il se plaque par terre et je commence à lui mettre les menottes. Mon binôme arrive.

Nous rentrons à la caserne avec les deux hommes menottés. Là, nous découvrons le contexte. Le conducteur roulait sans permis. La veille, il avait déjà été interpellé une première fois pour le même motif. Il était resté vingt-quatre heures en garde à vue, et comme il n'avait pas d'antécédent, on l'avait laissé sortir avec un rappel à l'ordre. Visiblement, il n'avait pas retenu la leçon...

Je ne suis pas là pour utiliser mon arme et tirer, je suis au service de la population et je dois la protéger. Sortir une arme à feu, même pour dissuader, c'est déjà trop. Je plains sincèrement mes collègues qui ont eu à en faire usage. Ceux que j'ai rencontrés étaient toujours sous le choc après avoir tiré. La tension en eux était maximale. Après un tel acte, il y a toujours un temps de réflexion pendant lequel on se pose de nombreuses questions. Et en même temps, l'institution au-dessus du gendarme commence son enquête. On lui prend son arme comme s'il était coupable et on le place en garde à vue jusqu'à ce qu'il soit entendu. Il doit comparaître, on vérifie qu'il était bien en état de légitime défense ou dans un « cas de nécessité », comme le disent les articles 122.5 et 122.7 du Code pénal. Le gendarme qui a tiré doit, dans tous les cas, avoir un suivi psychiatrique.

Ces mesures sont légitimes ; je les comprends, mais elles culpabilisent un homme qui, le plus souvent, s'est mis en danger pour servir le public et qui a commis un geste traumatisant pour lui aussi. Dans tous les cas, avoir fait usage de son arme est tout sauf anodin.

Les stands de tir sont là pour se former et pour se perfectionner, chaque gendarme s'y rend au moins une fois par an ; parce qu'il faut être habilité pour pouvoir porter une arme et que cette habilitation doit être renouvelée chaque année. Mais ces séances nous permettent aussi de projeter nos balles en respectant un cadre. Si nous avons envie de tirer, c'est là que nous pouvons le faire. C'est là qu'il faut le faire.

Chaque année, pendant une journée entière, je le fais avec mon 9 millimètres. J'arrive sur les stands avec tout l'équipement : lunettes, casque, douilles. Nous sommes plusieurs gendarmes en formation, et nous nous rangeons en ligne de trois, quatre ou cinq.

« Disposez vos lunettes sur le nez. Casque sur les oreilles. Derrière la ligne. Prêts à tirer ? À votre initiative. »

L'instructeur crie relativement fort, parce que nous n'entendons pas bien avec le casque sur les oreilles.

« Cinq tirs en simple action. Faites feu. »

Et ça commence. Tirer. Respirer. Faire un balayage tactique. Tirer. Respirer. Faire un balayage tactique. Tirer. Respirer.

L'action est très technique, la concentration sur la cible est maximale. Je ne pense à rien d'autre. Je fais le vide dans ma tête, et j'obéis au rituel sous des ordres stricts. Ce n'est pas du tout une activité où l'on se défoule. Une fois la session terminée, j'ôte mes EPI, ces équipements de protection individuelle qui sont obligatoires sur les stands. Je me dirige vers la cible pour voir de plus près si j'ai tiré avec précision.

Mes instructeurs valident. Je suis à nouveau habilité à utiliser une arme, et j’espère bien ne pas avoir à le faire en dehors de ce lieu.

CHAPITRE 11

Les émeutes de juin 2023

Les violences contre les agents des forces de l'ordre, qu'ils soient des gendarmes ou des policiers, ne sont pas la seule facette du métier, mais elles existent bel et bien. Nous y avons été directement confrontés pendant les émeutes de juin 2023.

Lors de la troisième nuit d'émeutes, je suis de service. Les tensions s'apaisent, mais nous sommes sur le qui-vive. J'encadre une jeune stagiaire qui est appelée pour sa première mission, comme moi il y a quelques années. Tout est flambant neuf sur elle : ses chaussures, son pantalon, son ceinturon. Elle est prête. Elle a sûrement attendu ce moment depuis plusieurs semaines ; cependant, elle se trouve projetée dans un chaudron bouillant. Elle assiste aux préparatifs. Les boucliers, les casques lourds sont sortis pour l'occasion ; des grenades lacrymogènes sont réalisées sous ses yeux, alors que beaucoup d'entre nous n'avons jamais vu un tel arsenal en cinq ans d'activité.

Quelle idée aura-t-elle de la gendarmerie en commençant ainsi ? Sa première mission n'a rien à voir avec la mienne (le jour où nous avons réglé un problème de voisinage en allant demander à un groupe de jeunes de se disperser, parce qu'ils faisaient un barbecue sous les fenêtres des habitants). Ce jour-là, les pique-niqueurs avaient compris, tout s'était bien passé et les voisins avaient été soulagés. Il peut nous arriver d'être confrontés à la violence et que la population se soulève contre nous, mais nous battre contre le public n'est pas du tout notre rôle. Nous sommes, au contraire, à son service.

La mort de ce jeune homme, Nahel, a déclenché en juin 2023 des émeutes particulièrement violentes, et je dois reconnaître que cette histoire est triste, très triste. Des bavures chez les policiers et les gendarmes, il y en a, je ne peux pas dire le contraire, mais je n'ai pas à me prononcer à leur sujet. C'est le travail de la justice. Je n'ai pas non plus à porter de jugement sur ce qui a mis le pays à feu et à sang pendant trois jours et trois nuits. Parmi les manifestants, je sais qu'il y avait beaucoup de personnes sensées, mais je ne suis pas sûr que la mort du jeune homme explique tout. Pour mettre le feu à des voitures et à des bâtiments, il faut vraiment avoir accumulé une rage de longue date. Les casseurs étaient parfois très jeunes, mais ils devaient être profondément remontés eux aussi.

Le saccage des magasins et des bâtiments publics n'apporte pas de solution, au contraire. Endommager une mairie, c'est s'en prendre au service auquel se sont adressées nos mères pour refaire leur passeport avant de rentrer au pays pendant l'été ; c'est rendre inaccessible le centre aéré où notre neveu devait se rendre cet été. Au bout du compte, déstabiliser les infrastructures publiques, c'est nous déstabiliser nous-mêmes. Il faudra plusieurs mois, voire plusieurs années, pour reconstruire une bibliothèque qui a brûlé, ou un commissariat, une école qui ont été endommagés. Il aurait tellement mieux valu crever l'abcès et dire ce qui n'allait pas. Les responsables ouvriront les yeux trop tard sur ces frustrations si lon ne leur parle pas.

Je pense que l'argent est un des grands responsables de la colère des gens : quand on est à l'aise financièrement, on ne vit pas dans le même monde, et l'on n'a pas la même frustration. Mais les solutions ne sont jamais du côté de la facilité. Je viens, moi aussi, d'une cité, j'ai vu beaucoup de personnes autour de moi se laisser entraîner dans des choix qui leur ont coûté très cher. J'ai 33 ans, aujourd'hui. J'ai vu les parcours de plusieurs de mes voisins. Je sais qu'il est tentant de gagner de l'argent en vendant du shit. On peut très bien s'en sortir ainsi pendant six mois, un an. Dix ans, dans le meilleur de cas. Mais plusieurs sont ensuite passés par la prison et sont entrés dans une spirale dont il faut parfois trente ans pour se libérer. Quand on y arrive...

Je sais aussi que les jeunes ont souvent l'impression d'être plus visés que les autres par les interpellations. Il est vrai qu'à deux heures du matin, lorsque deux voitures attirent notre attention, si nous ne pouvons pas arrêter les deux et qu'une est conduite par une personne de 60 ans et l'autre par un jeune avec une casquette à l'envers, nous aurons plus tendance à interpeller ce dernier. La probabilité de trouver du shit dans son véhicule et de découvrir qu'il conduit sous son emprise est plus élevée. Nous le savons, et cette expérience intervient dans nos choix.

Le racisme, en revanche, je ne l'ai jamais rencontré au sein de la gendarmerie. La proportion de Blancs est plus grande dans la gendarmerie que dans la population civile, c'est une réalité ; mais j'ai souvent travaillé avec des gendarmes d'origine indienne, pakistanaise, arabe, et je n'ai jamais perçu de commentaires ni vu de comportements racistes contre mes collègues ou contre moi. Plus que la couleur de la peau, c'est la tenue qui compte. Une certaine façon de se tenir, de regarder, d'être sur la défensive peut attirer la suspicion.

On a moins de problèmes lorsqu'on ne se fait pas remarquer et qu'on ne donne pas l'impression de dire : « Je fais ce que je veux, je m'habille comme je veux et je ne tiens pas compte de vous. » Je ne souhaite pas laisser entendre que les jeunes qui se font arrêter plus souvent sont responsables de ce qui leur arrive, car ce n'est pas ce que je pense. Mais je crois qu'il n'y a pas de fatalité.

CHAPITRE 12

L'esprit d'équipe

Dans un métier où l'on est constamment sur le qui-vive, où l'on sait qu'on peut avoir affaire à des personnes à bout, qui veulent en découdre ou qui sont complètement imprévisibles, il est indispensable de se serrer les coudes. Pour cela, chaque caserne a ses rituels qui apportent de la convivialité et qui offrent des sas de décompression. Chacune a son mode de fonctionnement, sa salle de repos, sa « popote », à base de gâteaux ou de friandises partagés au sein de la brigade.

Savoir se détendre est important quand on est gendarme, mais ce qui compte encore plus, c'est l'esprit d'équipe. La communication est nécessaire, quel que soit le milieu de travail, mais dans les métiers de la sécurité, elle est vitale. Il ne faut pas oublier que nous sommes armés. Lorsque nous partons en patrouille à deux ou à trois, il n'est pas possible de laisser s'installer des tensions entre nous. Tout va trop vite pour que nous puissions nous permettre de ne pas nous entendre. Il faut que les gendarmes aient envie de travailler ensemble, sans quoi, ils risquent de ne pas être opérationnels.

Mais l'esprit d'équipe va au-delà de la camaraderie. Sans qu'on nous le dise, nous savons que nous pouvons avoir à prendre des risques, et peut-être nous sacrifier pour un de nos collègues. Si l'un des membres de la patrouille est en danger, pas question d'hésiter, nous devons intervenir sans réfléchir aux conséquences pour nous.

La gendarmerie donne un cadre beaucoup plus favorable que la plupart des groupes. La hiérarchie veille aussi de très près à tout ce qui peut souder. Depuis toujours, la fête de la Sainte-Geneviève, la patronne des gendarmes, est l'occasion de moments de convivialité le 3 janvier de chaque année. Tous les gendarmes du département sont conviés à un grand événement dans un gymnase, autour d'un repas gastronomique. La soirée est animée par des artistes, des humoristes, des chanteurs, des danseurs qui viennent apporter un peu de piment à la fête. Ces festivités attirent beaucoup de monde. Dans mon département, chaque année, pas moins de deux cent cinquante gendarmes sont présents à ce rendez-vous.

En sept ans, j'ai pu observer les moments dédiés à la cohésion d'équipe se multiplier. Nous faisons parfois des missions en opération extérieure qui peuvent durer jusqu'à quinze jours, et nous terminons presque toujours par un bon dîner au restaurant : nous avons vécu deux semaines intenses, la magie de la rencontre ne se reproduira pas, nous savons que nous ne nous retrouverons jamais tous les seize dans les mêmes conditions. Le moment de se quitter est donc un temps fort dans ce genre de missions.

Au niveau des patrouilles aussi, de plus en plus de sorties sont organisées pour faire vivre le groupe. Les stages animés par des gendarmes motards professionnels ont beaucoup de succès. Nous y apprenons les règles pour réussir la meilleure trajectoire possible à moto, par exemple. Puis, après plusieurs heures de concentration intense et de bonne rigolade sur le circuit, la journée se termine toujours autour d'un barbecue.

Ces activités organisées seraient vaines si elles n'étaient pas doublées au quotidien par un véritable esprit d'équipe dans l'exercice de notre activité. Nous « grenouillons » parfois dans des contextes difficiles, sous un soleil de plomb, avec des missions pouvant durer six heures, voire huit heures d'affilée, ponctuées seulement par le plateau-repas qu'on nous fait livrer.

Pendant ces tâches éprouvantes, jamais un gendarme n'irait se chercher à boire sans proposer de ramener à tout le monde des bouteilles d'eau ou des sodas. La solidarité est un réflexe constant. Lorsque nous marchons à trois, par exemple, et que l'un d'entre nous peine à tenir le rythme, les deux autres ralentissent le pas pour ne pas le mettre en difficulté. Ce sens de l'équipe peut paraître anodin, mais il aide beaucoup à tenir face à l'adversité. C'est cet état d'esprit, aussi, qui ressurgit et qui permet de ne pas abandonner son collègue le jour où nous devons nous mettre en danger pour le tirer d'affaire.

CHAPITRE 13

Un monde dans le monde

Les gendarmes ont des connaissances qu'ils ne doivent pas divulguer. Si nous recherchons une personne considérée comme dangereuse, pas question pour nous d'en parler dans le quartier ! Pas question non plus de livrer les heures d'arrivée et de départ lorsque nous effectuons une surveillance discrète. Les détails de notre organisation, tout comme le processus d'interpellation, doivent rester secrets.

Sur place, dans les communes, nous connaissons le casier de certains habitants, et ces informations ne sont pas publiques. Nous ne partageons pas non plus des techniques que nous utilisons au quotidien ; par exemple, pour savoir si une personne peut être suspectée d'avoir bu au volant et si nous devons la tester. Le témoignage que je livre ici respecte aussi, bien entendu, les limites de ma liberté d'expression, car la discrétion sur les sujets sensibles est essentielle pour garantir notre efficacité.

L'obligation de se taire, c'est ce qu'on appelle le « devoir de réserve[4] ». D'autres professions obéissent aux mêmes règles, y compris dans le secteur privé : les médecins, mais aussi les infirmiers, les pharmaciens, les avocats, sont tenus à un secret professionnel. Ce qui est un peu particulier dans notre cas, c'est que nous partageons ces connaissances entre gendarmes. En tant que réservistes, lorsque nous sommes envoyés en mission dans une brigade, nous sommes briefés sur certaines informations concernant la ville. Notre obligation de discrétion est strictement la même que celle des gendarmes actifs, mais elle s'étend à toutes les brigades dans lesquelles nous effectuons nos missions.

4. L'expression n'a pas de rapport avec le terme « gendarme réserviste ».

Avoir des connaissances propres à notre corps de métier peut donner le sentiment que nous appartenons à un petit monde à part. Cette impression est sans doute accrue lorsqu'on fait partie de la gendarmerie active et qu'on habite en caserne. J'ai eu le privilège de vivre quelques mois dans l'une d'entre elles, chez un de mes frères qui est gendarme. C'est lui qui m'a fait découvrir cette profession. Avant de résider un certain temps chez lui, j'imaginais un grand bâtiment de travail avec des logements de fonction comme autrefois. Mais les casernes, désormais, sont des immeubles ou des lotissements de quelques dizaines de maisons dans lesquelles les gendarmes vivent et ont des relations de voisinage.

Les mois que j'ai passés dans une caserne ont été particulièrement tranquilles et reposants : l'incivilité n'a pas cours dans ces lieux où habitent seulement des gendarmes et leur famille. La musique n'est jamais mise trop fort. Si quelqu'un décide d'organiser une fête, il prévient en mettant un mot vingt-quatre heures à l'avance. On ne trouve pas de détritus par terre, on n'entend pas de cris, pas de disputes. Les résidents partagent des valeurs similaires.

Ce point commun important entre eux se ressent dans l'ambiance. La caserne où j'étais s'est révélée être un endroit propice à mes révisions lorsque j'ai dû préparer des concours.

Aujourd'hui, en tant que réserviste, j'ai un pied dans le monde de mes collègues et un autre en dehors. Si j'avais la possibilité d'intégrer pleinement le corps de la gendarmerie et de vivre en caserne, j'en serais très heureux. Je verrais cette appartenance comme un honneur. Actuellement, étant donné que je suis réserviste, j'habite à l'extérieur, dans une maison privée, au sein du département où j'effectue mes missions. Cette position a aussi ses avantages. Je ne peux pas oublier l'état d'esprit des personnes que nous interpellons au jour le jour en tant que gendarmes : je réside dans un quartier où les trafics sont nombreux, et quand je rencontre les habitants de ma ville, je ne me présente pas comme un gendarme. Certes, je garde mes valeurs et je respecte en permanence mon obligation de réserve, mais je ne suis pas tout le temps regardé comme un militaire.

Pour mes voisins, je suis surtout un sportif qui a écrit un livre, un pépiniériste, ou tout simplement un copain. Je vis entre deux mondes, et je passe de l'un à l'autre au quotidien. Je n'oublie jamais que je suis gendarme, mais les autres peuvent en faire abstraction et me parler sans préjugés.

CHAPITRE 14

Les récompenses

Les lettres de félicitations, les remises de médaille sont autant de moments de reconnaissance que l'institution met en place. Ils sont nécessaires quand on travaille sous pression, qu'on se met en danger et qu'on a régulièrement besoin de courage. Le moment venu, lorsqu'une situation inattendue se présente, servir doit être une évidence, même si l'on doit prendre des risques importants.

C'est ce qui m'est arrivé quelques fois lorsque je me suis retrouvé sur les ronds-points des Gilets jaunes, en face de groupes organisés ou improvisés, mais déterminés. Pour ces rendez-vous, nous avions pu nous préparer et arriver à plusieurs. Mais pendant ces manifestations, nous avons aussi dû intervenir à cause de bagarres non prévues, et je me suis parfois retrouvé dans des situations difficiles ; comme le jour où j'ai dû gérer deux personnes violentes pendant que des files entières de voitures s'énervaient. Il faut imaginer une quarantaine de chauffeurs qui klaxonnent et qui attendent que vous dégagiez une route bloquée par un homme en furie. Ce jour-là, nous étions deux. Nous n'avons pas hésité, mais la pression était énorme.

Quand une intervention de ce genre est terminée, le rôle du capitaine est important. C'est à lui - ou à elle - qu'on fait un compte rendu oral de ce qui s'est passé. C'est lui - ou elle - qui remonte l'information.

Quelques jours après cette intervention stressante, on m'appelle pour m'annoncer que je vais recevoir une lettre de félicitations. Je dois reconnaître que j'ai apprécié cet honneur et que j'ai encadré cette lettre - qui est exposée maintenant sur le mur de ma chambre.

Les remises de médaille sont aussi des moments importants. Elles ont lieu au sein de la caserne centrale du département, en extérieur, dans la cour dédiée aux cérémonies. On remet des marques de distinction à deux ou à trois gendarmes. Les chefs de chacun d'entre eux sont présents. Sept, huit, parfois quinze personnes assistent à la cérémonie, vêtues de leur calot et de leur plus belle vareuse. Chacun a repassé son pantalon, ciré ses chaussures, enfilé une chemise blanche, affiché ses propres médailles. Certains ont des vestes alourdies par le poids des récompenses. Elles brillent de tous leurs feux d'or, d'argent ou de bronze. Les drapeaux sont sortis. C'est un moment solennel.

« Je vous décerne cette médaille pour votre courage et votre dévouement personnel. »

Qu'est-ce qu'une médaille ? Un bout de métal plaqué en or ou en argent ? Comment se fait-il qu'elle produise autant d'effet sur nous quand nous la recevons ? Elles sont des symboles de reconnaissance et elles sont importantes. Désormais, ces cérémonies sont relayées sur Facebook. C'est parfois par les réseaux sociaux qu'on apprend qu'un collègue a été récompensé.

Les cérémonies peuvent être encore plus impressionnantes dans certains cas. C'est ce qui m'est arrivé le jour où j'ai eu la chance d'être sélectionné - parmi les six mille gendarmes réservistes que compte l'Île-de-France - pour la prise d'armes d'été présidée par le ministre des Armées. Nous étions réunis dans la cour d'honneur de l'hôtel des Invalides. À cinq, nous étions là pour représenter le corps des réservistes et recevoir un hommage émouvant après avoir dû gérer plusieurs manifestations tendues.

Ce qui est sûr, en tout cas, c'est que dans la gendarmerie, les cérémonies de récompenses nous encouragent à être fiers de notre engagement et à servir la population. Nous n'agissons pas par bravade ni pour honorer des quotas qui n'existent pas dans notre corps. Verbaliser un chauffeur qui téléphone en conduisant ne nous apporte aucune satisfaction. En arrêter un autre qui n'a pas sa ceinture n'est pas un plaisir non plus. Bien sûr, nous ne sommes pas là pour fermer les yeux sur les infractions, puisque notre rôle est de rappeler les règles et de les faire respecter ; mais si nous intervenons, ce n'est pas par goût, c'est dans l'intérêt du public et pour servir une institution que nous estimons. Et se sentir respectés par le corps auquel nous appartenons nous aide à lui rendre la pareille.

CHAPITRE 15

Cap sur l'avenir

En cette année 2023, plusieurs événements devront requérir le renfort des réservistes. La Coupe du monde de rugby sera un peu une répétition générale des Jeux Olympiques d'été de 2024. Pendant ces semaines intenses, il faudra mobiliser un gendarme pour dix spectateurs ! Les équipes se préparent. Les formations de nouveaux réservistes se multiplient depuis plusieurs mois. Nous sentons bien que nous sommes à la veille du grand soir et qu'on aura besoin de nous. Tout s'anticipe un an à l'avance. Nous savons déjà que nous ne pourrons pas prendre de vacances pendant le mois d'août. Nous devrons nous reposer avant pour pouvoir tenir le coup, faire des gardes, rester debout pendant de longues heures. Nous nous y préparons avec confiance, car nous savons que nous pouvons compter sur une organisation solide.

Au-delà de ces grands moments, le besoin en forces de l'ordre s'est accru pour faire face aux incivilités croissantes. Désormais, nous sécurisons les bus et nous sommes présents dans les trains. Une convention a même été signée avec la SNCF. Nous sommes également sollicités devant les sorties d'école.

Certes, nous pouvons compter sur les moyens de la technique en nette progression. Depuis sept ans que j'ai commencé à travailler, nous sommes passés d'une tablette dans chaque patrouille, lourde et lente, qui buguait tout le temps, à un téléphone portable professionnel pour chaque gendarme. Les vérifications sur la carte grise du véhicule ou sur le permis de l'automobiliste sont plus rapides. Chacun est plus efficace au sein de sa patrouille grâce à ces téléphones. La technologie est indéniablement un soutien, mais elle ne remplacera jamais les hommes sur le terrain.

La gendarmerie s'appuie de plus en plus sur le renfort des réservistes. On nous fait davantage confiance. Désormais, nous saisissons aussi nos « bulletins de service », nos « BS », sur les ordinateurs de la caserne ; et nous faisons nous-mêmes le bilan de notre mission à la fin de la journée. De plus en plus souvent, nous pouvons partir dans des patrouilles composées de deux ou même de trois réservistes.

La société a un besoin considérable de gendarmes. Si mes services apportent satisfaction, je compte continuer à travailler ainsi. Je veux être présent pour les grands événements qui s'annoncent prochainement. À plus long terme, je suis aussi disponible pour toutes les autres missions, celles qui évoluent, celles qu'on ne peut pas prévoir, celles qui entraînent parfois une certaine dose de stress, mais qui font qu'on ne s'ennuie jamais.

J'ai encore la possibilité de passer deux fois le concours externe pour tenter de devenir gendarme à temps plein, en tant que militaire. Si cette chance m'est offerte, ce sera une grande satisfaction pour moi. Dans le cas contraire, je pourrai continuer à partager mon temps entre mes passions et mon activité de réserviste que je peux exercer jusqu'à 67 ans, tant que je réussis mes tests de tir. Cette perspective me convient bien, aussi. Dans tous les cas, la gendarmerie fait partie de mon horizon lorsque j'imagine mon avenir.

Conclusion

J'ai été éduqué dans le respect de la hiérarchie. Quand on me disait « non », c'était non. J'avais aussi la crainte d'attirer des problèmes à ma famille. J'imaginais la panique de ma mère si la police arrivait à la maison par ma faute. J'avais peur aussi de donner honte à mes grands frères. Je me suis donc fait discret. Si j'avais envie d'aller conduire une moto, alors que je n'avais pas le droit de rouler sur la voie publique, je trouvais un endroit dans les champs pour ne déranger personne et ne pas me mettre dans l'illégalité.

Tout le monde n'a pas la chance d'être éduqué en ayant autour de lui des exemples qui le tirent vers le haut. Je suis le dernier d'une fratrie de sept enfants et je connais bien le rôle des aînés. Dans mon cas, mes frères et sœurs ont joué un vrai rôle de guides. Ils ont secondé mon père, qui était déjà âgé quand je suis né, et ils m'ont bien fait comprendre qu'une règle était une règle. Or, je vois des enfants de 8 ans dont les modèles sont des jeunes de 14 ou 15 ans conduisant des motos sans porter de casque. Le goût de la provocation et l'irrespect de l'autorité se transmettent de génération en génération. Pour beaucoup d'enfants et de jeunes, les gendarmes et les policiers sont les derniers remparts pour rappeler les interdits une fois que les familles sont dépassées et que l'école est allée au bout de ce qu'elle pouvait faire.

À tous ces jeunes, je voudrais dire qu'il est nécessaire d'avoir des passions pour résister à l'influence du groupe et ne pas se laisser entraîner à faire des bêtises. On peut s'en sortir grâce au sport, au travail, à la nature, à l'esprit d'entreprise. Plein de solutions sont possibles, mais ce qu'il faut, c'est qu'elles nous donnent le sens de l'effort et qu'elles nous permettent de résister à la facilité. Si l'on nous dit « viens, suis-moi, on va faire un tour », il est facile de dire « oui » quand le tour consiste à aller faire de la moto-cross. Mais si l'on nous propose de faire le même tour à pied, combien accepteront ? Et pourtant, c'est comme ça qu'on voit du monde sur son chemin.

Et pourquoi ne pas effectuer ce tour en char à voile ? Ou le faire à cheval et commencer à développer une passion pour les chevaux ? On commence alors à se rendre régulièrement au centre équestre, à prendre soin des bêtes. Petit à petit, l'on aura envie de faire des économies pour acheter son propre cheval. Vous serez prêts à tous les efforts pour cette nouvelle passion.

Je pense que le travail, la discipline et la cohésion payent. Le basket m'a donné cette ligne de conduite. J'en ai témoigné dans mon premier livre[5], et j'ai continué, après sa parution, à transmettre ce message dans les écoles dans lesquelles j'ai été invité à parler de mon parcours. Je n'ai pas caché que j'avais commis des erreurs un certain nombre de fois. Il m'est

5. *Les 69 péripéties*, Éditions Jets d'Encre, 2022.

arrivé de me battre, et j'ai raté une sélection en équipe semi-professionnelle à cause d'une bagarre idiote dans laquelle je me suis cassé un doigt.

Mais le basket était toujours là. Pratiquer du sport apaise l'esprit. Toute votre énergie est concentrée sur un but. Vous ne pensez plus à aller régler vos comptes : quand vous avez fait une heure d'exercice, vous n'avez plus envie d'aller brûler des voitures. Boxer sur un ring est un bon moyen de se défouler, de décharger son envie d'en découdre tout en respectant des règles du jeu plutôt que de se battre à tout va.

Au-delà du sport, chacun peut trouver une solution qui correspond à son style. Les possibilités sont innombrables : on peut commencer à apprendre le piano ou la guitare, se concentrer sur les notes qu'on commence tout juste à savoir déchiffrer. On peut prendre des cours de langue ou même voyager, si l'on a un peu d'argent. Ce qui compte, c'est d'avoir une raison solide d'avancer dans le bon sens et de puiser dans sa volonté, car il faut du courage pour résister au courant.

Le sens de l'effort que j'avais acquis grâce au sport a continué à me servir. Lorsque j'ai été embauché comme pépiniériste et que je me suis retrouvé devant cent cinquante rangées comportant chacune cent cinquante arbustes, on m'a mis un sécateur dans la main en me donnant pour mission de tailler chacun d'entre eux. Je devais retirer de tout petits rejets sur les tiges de tous les arbustes. Ma première réaction a été de penser qu'on me demandait l'impossible, ou qu'on me faisait une blague. Ce découragement, je l'avais déjà connu le jour où mon coach de boxe m'avait donné la consigne de faire mille tours de corde à sauter par jour. « Il est fou ! », m'étais-je dit d'abord.

Ma chance, ce jour-là, a été d'avoir un copain qui m'a entraîné dans son sillage. Il m'a aidé à comprendre que nous devions écouter notre entraîneur si nous voulions avancer dans la vie. Comme le copain et le coach me parlaient sans rire et que j'avais confiance en eux, j'ai pris leurs paroles au sérieux, et avec mon camarade, nous avons commencé à exécuter nos mille tours de corde à sauter par jour.

Devant les hectares de pommiers, de cerisiers, de poiriers, de pruniers et d'amandiers, je me suis souvenu qu'avec la boxe, ce qui m'avait paru impossible au départ pouvait être à ma portée, et je me suis attelé à la tâche. Le lendemain, quand il a fallu se lever à cinq heures pour recommencer une nouvelle journée et tailler de nouvelles allées d'arbres, j'étais là. C'était long. J'avais mal au dos en rentrant le soir, mais cette expérience m'a appris énormément de choses.

J'ai découvert les étapes de la maturation d'un fruit. J'ai vu grandir les arbres en quelques mois. J'ai pris conscience des saisons, j'ai appris à regarder leurs effets sur la nature et j'ai eu le sentiment, au bout de quelques mois, de récolter le fruit de mon travail. Le sens de l'effort m'a toujours beaucoup aidé dans ma vie et m'a permis de me hisser à la hauteur de mes passions.

Aujourd'hui, parler de mon parcours et participer aux missions de la gendarmerie sont deux manières complémentaires pour moi d'être en contact avec le public et avec les jeunes en particulier. Je tiens à leur recommander d'avoir confiance, mais aussi à les mettre en garde s'ils se mettent en danger ou s'ils bafouent les droits des autres.

Quand on est passif et qu'on suit la voie de la facilité, qu'on se lève à midi pour vendre du shit en traînant toute la journée dans un café jusqu'à vingt-trois heures, on vit avec des œillères. On est comme une plante qu'on a déposée dans une cave, alors qu'elle a besoin d'eau et de soleil pour pousser. Et de la même façon que cette plante fane après être restée trop longtemps à une place qui ne lui permettait pas de s'épanouir, on devient aigri. Pour s'extraire de cette routine et changer d'état d'esprit, il faut se réveiller. Les autres n'ont pas la possibilité de le faire pour nous, mais ils peuvent aider à donner le déclic.

Faire prendre conscience, c'est le rôle que j'espère tenir en rappelant la loi et en la faisant appliquer en tant que gendarme. Mais je peux aussi produire ce sursaut positif en communiquant avec le public et avec les nombreuses personnes que je rencontre grâce à mes livres, notamment les plus jeunes.

Table des matières

Achevé d'imprimer en France
par Dupliprint à Domont (95)
en novembre 2023
Dépôt légal : janvier 2024
N° d'impression : 2023110672